# 曽根康弘 元総理 最後のご奉公

## 本かくあるべし

大川隆法
Ryuho Okawa

# まえがき

まさしく生涯現役の政治家だと思う。中曽根さんは小泉政権時代、自民党の七十三歳定年制で、北関東ブロック終身比例第一位を外され、政治家をやめるよう通告された。

小泉首相に対し、「政治的テロだ」と反撥《はんぱつ》したが、少なくともこの人に関しては正論だったろう。中曽根元首相は九十代半ばの今もなお、著書を出し、新聞に意見を発表している。「三角大福中」といわれたライバルの三木・田中・大平・福田の四首相は、過去の人となったが、この人だけはいつまでも富士山のようにそそり立っている。海軍時代に鍛えた、体力と精神力、数万冊の読書、禅を中心とした精神修養などが常人との違いを醸《かも》し出しているのだろう。大平元首相と同じく、哲人政治家でもあり、宗教政治家でもあったろう。今後とも、宗教性が政治には必要なことを説き続けて頂きたいと思う。

この国が神々の愛される尊い国であることを、国民に教え続けて下さればと思う。

二〇一三年　六月十九日

幸福実現党総裁《こうふくじつげんとうそうさい》　大川隆法《おおかわりゅうほう》

# 中曽根康弘元総理・最後のご奉公　目次

# 中曽根康弘《なかそねやすひろ》元総理・最後のご奉公《ほうこう》

## ――日本かくあるべし――

二〇一三年六月六日　中曽根康弘守護霊《しゅごれい》の霊示《れいじ》
東京都・幸福の科学総合本部にて

「霊言現象《れいげん》」とは、あの世の霊存在の言葉を語り下ろす現象のことをいう。これは高度な悟《さと》りを開いた者に特有のものであり、「霊媒現象《れいばい》」（トランス状態になって意識を失い、霊が一方的にしゃべる現象）とは異なる。

また、人間の魂《たましい》は原則として六人のグループからなり、あの世に残っている「魂の兄弟」の一人が守護霊《しゅごれい》を務めている。つまり、守護霊は、実は自分自身の魂の一部である。したがって、「守護霊の霊言」とは、いわば本人の潜在《せんざい》意識にアクセスしたものであり、その内容は、その人が潜在意識で考えていること（本心）と考えてよい。

なお、「霊言」は、あくまでも霊人の意見であり、幸福の科学グループとしての見解と矛盾《むじゅん》する内容を含《ふく》む場合がある点、付記しておきたい。

# 中曽根康弘《なかそねやすひろ》元総理・最後のご奉公《ほうこう》

## ――日本かくあるべし――

二〇一三年六月六日　中曽根康弘守護霊《しゅごれい》の霊示《れいじ》
東京都・幸福の科学総合本部にて

中曽根康弘《なかそねやすひろ》（一九一八〜）

政治家。東京帝国《ていこく》大学法学部政治学科を卒業後、内務省や帝国海軍を経て、一九四七年、衆議院議員に初当選。自民党内では「三角大福中《さんかくだいふくちゅう》」の一角として影響力《えいきょうりょく》を増し、一九八二年、総理大臣に就任。三期五年にわたる長期政権では、レーガン米大統領との盟友関係を結ぶとともに、国鉄や電電公社、日本専売公社の民営化を実現。空前の好景気を築いた。戦後、議員として五十年以上在籍《ざいせき》した四人中の一人。数万冊の蔵書を持つ哲人《てつじん》政治家としても有名。

質問者　※質問順

綾織次郎《あやおりじろう》（幸福の科学上級理事　兼《けん》「ザ・リバティ」編集長）

加藤文康《かとうぶんこう》（幸福実現党総務会長）

［役職は収録時点のもの］

# 1 「政界の重鎮《じゅうちん》」に意見を頂く

## 思わぬハプニングで先送りになった中曽根守護霊の霊言《れいげん》収録

大川隆法　昨日は、思わぬハプニングがありました。

公開霊言《れいげん》の収録の場で、中曽根元総理の守護霊をお呼びするつもりで、ひととおり中曽根さんのご紹介《しょうかい》をし、お呼びしたところ、TBSの「NEWS23《ニュースツースリー》」でキャスターを務めていた筑紫哲也《ちくしてつや》さんの霊が出てこられたのです（『筑紫哲也の大回心《だいかいしん》』〔幸福実現党刊〕参照）。公開霊言を始めてから、何百回も収録を行っていますが、このようなことは初めてのケースでした。

ある意味、私たちの手違《てちが》いにより、〝ダブルブッキング〟（二重予約）していたため、筑紫さんにも声がかかっていたのは事実です。

したがって、いずれ収録するつもりではいたのですが、いろいろと内部的な事情があって、「準備が少し難しいかな」と思い、後回しにしようとしていたところでした。

しかし、やはり、本人が、「そんなには待てない」ということだったようで、たいへん失礼しました。

先日、朝日系の二人の守護霊霊言のときには、ミニスタジオまでつくって収録を行いましたので（『バーチャル本音対決――TV朝日・古舘伊知郎《ふるたちいちろう》守護霊 vs. 幸福実現党党首・矢内筆勝《やないひっしょう》――』『田原総一朗《たはらそういちろう》守護霊 vs. 幸福実現党ホープ』〔共に幸福実現党刊〕参照）、筑紫さんをお呼びするときにも、「何か、〝歓迎《かんげい》の礼〟をとらないといけない」と思っていたのです。

ところが、少し忙《いそが》しかったもので、すぐにそのような対応ができない状況《じょうきょう》でした。「もう一呼吸置いてから収録しよう」と思ったのですが、ただ、向こうのほうとしては、声がかかっていたので、「そういうわけにはいかん」ということだったようです。

そのため、中曽根さん（守護霊）にも迷惑《めいわく》をかけたかと思います。

昨日の午後に録《と》った内容については、編集部のほうが徹夜《てつや》で頑張《がんば》り、今朝には原稿《げんこう》が来ていました。私も、朝の五時台に起き、「まえがき」「あとがき」を書いて待っていた状況です。なぜ五時台から書いていたかというと、昨日出られた方が、「（収録の機会を）横取りして申し訳なかった。早く仕事を終えて、今日の時間を空《あ》けたい」と、私を起こしてくださったからです（笑）。そのようなこともあり、多少、罪悪感がおありのようです。

中曽根先生は、たいへん重厚な方ですので、少しゆったりとされたところがあるために、他の霊人《れいじん》に割り込《こ》まれ、収録の順序が入れ替《か》わってしまったのかもしれません。

まあ、今日は、おそらく大丈夫《だいじょうぶ》だと思います。

## 改めて中曽根康弘元総理の守護霊を招霊《しょうれい》する

大川隆法　現在、九十五歳《さい》で、いまだに矍鑠《かくしゃく》とされ、頭もしっかりしておられて、「生涯現役《しょうがいげんえき》人生の手本になるような方だ」と、ご尊敬申し上げています。

「日本の政治」、「これからの日本のあるべき姿」、また、「日本の総理学・宰相《さいしょう》学」や「宗教などの見方」等について、できるだけ多角的な論点で、ご意見を伺《うかが》いたいと思います。

生きているご本人は、「この世での最後のご奉公《ほうこう》」という感じの思いをお持ちでしょうが、守護霊のほうは少し違う見識を持っておられる可能性もあります。

おそらく、守護霊には、幸福実現党に対してだけでなく、自民党をはじめとする日本の政治全体についてのご意見もおありになるかと思います。

どのようなスタンスで来られるかは分かりませんが、この年になられますと、いろいろなものが見えているところはおありでしょうから、政界の重鎮《じゅうちん》としてのご意見を頂きたいと思います。

それでは、中曽根康弘元総理大臣の守護霊をお呼び申し上げます。

（柏手《かしわで》を二回打ち、合掌《がっしょう》、瞑目《めいもく》する）

中曽根康弘元総理大臣の守護霊よ。

中曽根康弘元総理大臣の守護霊よ。

どうか、幸福の科学総合本部においでたまわりて、われらに、今後の日本と世界の未来のあり方について、ご教示賜《たまわ》りたく、御《おん》願い申し上げます。

（柏手を二回打つ。約二十秒間の沈黙《ちんもく》）

## 2　幸福の科学との縁《えん》

### 「ニュースキャスター」と「総理」では立場が違《ちが》う

中曽根康弘守護霊　ううーん。

綾織　おはようございます。昨日は、大きなハプニングがあり、たいへん失礼をいたしました。

中曽根康弘守護霊　まあ……、うーん……、まあ……、失礼だね。

綾織　申し訳ございません。

中曽根康弘守護霊　まあ、君らも、もう少し頑張《がんば》るべきだったのではないかな。「ニュースキャスター」と「総理」のどちらが偉《えら》いかを考えた上で、「ここはひとつ、お引き取り願う」という案もあったのではないかな。

綾織　そうですね。おっしゃるとおりでございます。

中曽根康弘守護霊　あるいは、私を録《と》ってから、少し、お休みいただいて、「『夜の部』で出てもらう」という手もあったのではないかな。

綾織　そうですね。はい。

中曽根康弘守護霊　公式にメインゲストを発表しておいて、突然《とつぜん》の変更《へんこう》というのはいかがなものか。君ね、「一人芝居《しばい》」の芝居小屋ではないんだから、やはり、相手をよく見て、礼を失しないように考えていただきたいね。

彼は、懺悔《ざんげ》しに来ただけだろう?

綾織　はい。

中曽根康弘守護霊　私は、国を導くために来ているんだから、立場が違《ちが》う。

短い人生、「大事なものに全力投球」が成功の秘訣《ひけつ》

綾織　筑紫《ちくし》さんは、近年、非常に影響《えいきょう》の大きかったジャーナリストでしたので、

これまでの反省について語っていただきましたが、中曽根先生には、「『これからの日本をどうしていくか』という『未来』についてお伺《うかが》いする」というかたちでお願いできれば、非常にありがたく存じます。

中曽根康弘守護霊　いやあ、「テレビ朝日」とか「TBS」とか、ああいうものは時間の無駄《むだ》だから、もうチャンネルを切って、まともな本を読むなり思索《しさく》するなりしないとね。人生は短いよ。

綾織　はい。

中曽根康弘守護霊　ああいうものに無駄な時間を使わないことだ。ほとんど〝戯《たわ》言《ごと》〟だからね。彼らは、「雑情報で時間を潰《つぶ》す」という、「キル・ザ・タイム」なんだよね。これをやっているからさ。

君たちねえ、「人生は長い」と思ってはいけないよ。けっこう短いんだからさ。いかに、無駄なものを取り除いて、大事なもののみに全力投球するか。これが人生の成功の秘訣《ひけつ》だからね。

何なら、次の講演会も指導してやろうか。二回分ぐらいやらないと、何だか、ちょっと、腹の虫が治まらない感じがするんだが。うん？

綾織　それにつきましては、また、別途《べっと》、検討させていただきますが、今のお教えには、九十五歳《さい》まで長生きされている中曽根先生のお言葉として、非常に重みがあると思います。

中曽根康弘守護霊　まあ、いい。少し気分がよくなってきたから、まあ、いいよ。

## 今、生きている日本の政治家としては〝最後の砦《とりで》〟

綾織　本日は、「日本かくあるべし」ということで、日本の政界に大きな影響を及《およ》ぼしていらっしゃる中曽根先生の守護霊様に、今、国難を迎《むか》えている日本についての忌憚《きたん》のないご意見を、存分にお伺いしたいと思っております。

中曽根康弘守護霊　うんうん。それは大事なことだよな。今、生きている者としては、私が〝最後の砦《とりで》〟かな？　まあ、そういうことになろうな。

綾織　はい。

中曽根康弘守護霊　今の自民党等も、まだ、〝子供の集団〟だから。なあ？

綾織　中曽根先生以降の首相の場合、短命政権が多く、日本の置かれている状況《じょうきょう》も非常に厳しいものがあります。政治の舵取《かじと》りが非常に難しくなってきておりますので、後世に遺《のこ》るようなお話を頂ければと思います。

中曽根康弘守護霊　うんうん。

宗教・哲学《てつがく》を超《こ》えた霊言集《れいげんしゅう》の刊行に「救世主の出現」を感じた

綾織　まずは、日本の話ではあるのですが、「幸福の科学との関係」について、少しだけお伺いしたいと思っています。

中曽根康弘守護霊　ああ、そこから来るか。はいはい、分かりました。

綾織　「首相在任中、大川総裁に対して、人づてに親書を送り、幾《いく》つかの質問をした」という経緯《けいい》をお伺いしています。

当時、東西対立等のさなかにあって、「冷戦をどうするか」ということと、円高のなかで、「どのように経済の舵取りをするか」というようなことを質問されたと伺っているのですが。

中曽根康弘守護霊　いやあ、そうだねえ、私のピークのころではあるが、ちょうど、国の難題がいろいろと重なっており、日本の長《ちょう》として、相談する先もない状態であったのでね。まあ、そういうこともあったかな。

（大川隆法とは）年も四十近く違うから、「この世的にお付き合いする」という関係ではなかった。幸福の科学は、まだ新しかったしね。

でも、（最初の霊言集《れいげんしゅう》として）『日蓮《にちれん》の霊言』、それから『空海《くうかい》の霊言』が出て、そのあと、三巻目で『キリストの霊言』が出たんだよな。それで、四巻目が『天《あま》照大神《てらすおおみかみ》の霊言』だった。五巻目は『ソクラテスの霊言』だったね。六巻目は『坂《さか》本龍馬《もとりょうま》の霊言』と、こう来た（いずれも『大川隆法霊言全集』〔宗教法人幸福の科学刊〕所収）。

綾織　はい。

中曽根康弘守護霊　これで分からなかったら、もう駄目だね。

だからね、日蓮、空海が出たあたりでは、「宗教界のかなりの大物であろう」ということぐらい、もう推定がついていたけれども、天照大神が出てこられたことで、「仏教と神道《しんとう》の両方に関係がある」と明かされたでしょう？　さらに、キリストが出た。

綾織　はい。

中曽根康弘守護霊　「イエスが出てきた」というのは、これは、すごいことですからね。「西洋のほうまでかかわっている」ということでしょう?

だから、仏教にかかわり、日本神道にかかわり、西洋にもかかわりがある。さらに、ソクラテスまで出てきた。これは、日本の宗教では、ちょっとありえないことだよね。

それから、『坂本龍馬の霊言』が出てきたし、『卑弥呼《ひみこ》の霊言』が出てきたし、『孔子《こうし》の霊言』(いずれも『大川隆法霊言全集』所収)が出てきたでしょう? これで分からない人はねえ、まあ、私に言わせれば、もう、明《あ》き盲《めくら》同然だわな。

もちろん、信仰心《しんこうしん》がなく、あの世を否定している人は多いから、これは、そういう人にとって何でもないことなのかもしれない。けれども、私のように、長年、宗教的な探究も、実践《じっせん》もしたことがある者にとっては、あの世があることも、神《かみ》仏《ほとけ》がいることも、まあ、当然のことであるわけでね。あとは、「その中身が本物であるかどうか」という検証だけで、それは五分五分《ごぶごぶ》ということになるけれども、やはり、「内容をつぶさに見て、この〝怖《こわ》さ〟が分からない」というのは、もう、判断能力がないに等しいわな。

「ついに、このレベルのものが、日本に出てきたか」という感じだったかね。つまり、仏教や神道だけなら、まだ分かるんですが、これを超《こ》えているものが、最初からはっきりと出てきたからね。儒教《じゅきょう》も超え、哲学《てつがく》も超え、キリスト教も超えようとするものが、日本から出てきた。

ちょうど、一九八〇年代当時は、要するに、「いわゆる『世紀末』というものが近づいている」と言われていた時期でもあったのでね。だから、「あっ！　救世主が出た！」というのが率直《そっちょく》な印象だったね。

## 中曽根総理の〝禅問答《ぜんもんどう》〟に〝禅問答〟で返した大川隆法

綾織　そういう認識を持ちつつも、親書に託《たく》された内容としては、「国際政治」や「経済」といった非常に現実的な問題だったとのことですが、それについては、「何らかの答えがあるだろう」ということを想定されていたわけですか。

中曽根康弘守護霊　いやあ、それはねえ、宗教の好きな「経済界」（経営者向けの雑誌）主幹の佐藤正忠《さとうせいちゅう》さんが、「ぜひとも会うべきだ」と言ってこられたので、私も、「会わなきゃいけないな」と思ったんだ。ただ、そうは言っても、いきなり初対面で会うこともできないので、「まずはサウンド（打診《だしん》）してから」ということで、仲立ちしてもらったわけだね。当時はワープロだったかな？　ワープロで打ったものではあるけれども、私の考え方等を簡単にまとめて、茶色の薄《うす》い半透明《はんとうめい》の封筒《ふうとう》に入れ、正忠さんに直接持っていってもらったのを覚えている。しばらくしたら、大川総裁からの返事をもらって帰ってきた。まあ、こういうふうに、直接会わずに、人を介《かい》してだったけれどもね。

いやあ、お互《たが》いに〝禅問答《ぜんもんどう》〟だった。はっきり言ってね。

綾織　そうなんですか。

中曽根康弘守護霊　うーん。禅問答でね。私も、質問みたいなものを語り口調で書いたりしたわけではなく、ほとんど禅問答に近い内容で、大川さんには、私が何を言いたいのかが分からないかもしれないようなことを幾つか書き連ねた。

綾織　さようでございますか。

中曽根康弘守護霊　うん。箇条《かじょう》書きのように書いたものをお渡《わた》しし、「これにどうやって返事してくるか」と思ったんですが、大川さんのほうも〝禅問答〟で答えてきたんでね。

綾織　なるほど。

中曽根康弘守護霊　私が書いた条文と同じ数で、禅問答風の答えが返ってきたんですよ。それを読んだだけでは、本心が分からない答えでしたね。〝禅問答〟に〝禅問答〟で答えてきて、それ以上のことは何にも書いていない。前もあともなく、私の〝禅問答〟と対応するだけの同じ数で書いてあった。

綾織　ほう。

## 本来、総理の悩《なや》みに答えるのは天皇陛下の仕事

中曽根康弘守護霊　そのあとも、正忠さんがいろいろと動いてはいたんだけれども、幸福の科学のほうがちょっと考え方を変えたらしくてね。
（幸福の科学の）初期のころには、高橋信次《たかはししんじ》という人が主宰《しゅさい》していたGLAというところのお弟子《でし》さんがだいぶ集まっておったようなんだけれども、これは、三年ぐらいで方針変更がなされたようだね。内部では、「高橋信次系統の影響を外す」というようなこともなされ、幹部の入れ替《か》えや方針の変更が行われる状況であって、正忠さんのところも、やや距離《きょり》を取るような感じになったのかな。

すごく念の強い方ではあったので、大川さんにあまり高く評価されなかった点があるのかなと思うんですね。まあ、講演会とかに出たりしていたようではあるんだけれども、「自分をそんなに重用してくれない」という不満が少しあったのかもしれない。

その後、会談の予定は立たなかったんだが、その他の政治家は、次々と（幸福の科学に）かかわっていったようではある。

まあ、総理の仕事というものは、（国家運営において）「最後」であるので、本当は、天皇陛下に奏上《そうじょう》して相談しなければいけない内容なんだけれども、そういう機能が今の天皇陛下にないのでね。

本来、総理が悩《なや》んでいることは、天皇陛下に奏上して、ご意見を伺い、返事を受けるべきものだ。それが本来の宗教家のあり方だろうし、（総理の悩みは）「神のお言葉を伝える人」に相談すべき内容だわな。

まあ、お互い、二十何年後《おく》れで、「肉体を持たずして、面談をしていただいている」ってことかな？

「日本の柱」にとって信仰心《しんこうしん》や愛国心など当たり前

加藤　中曽根先生、本日は、たいへん貴重な機会を頂きまして、本当にありがとうございます。

中曽根康弘守護霊　うーん、いやあ。

加藤　幸福実現党の加藤と申します。私も、中曽根先生のお話を伺うことを、心から楽しみにしておりました。

中曽根康弘守護霊　うーん。

加藤　実は、一九八二年でございましょうか。中曽根内閣が誕生いたしましたときの、何とも言えない躍動感《やくどう》と申しますか、「この方はやってくれる」というような感覚を、今でも本当によく覚えております。

その前任の鈴木善幸《すずきぜんこう》さんが、本当にコンニャクのような方でいらっしゃいましたもので……（笑）。

中曽根康弘守護霊　いやいやいや、君、そういう言い方をしてはいかんよ。

加藤　申し訳ございません。気をつけます（笑）。

中曽根康弘守護霊　彼は、無色透明な人だったんだよ。うん。

加藤　しかし、中曽根総理は、例えば、当時も日韓《にっかん》関係は難しかったのですが、就任直後、すぐに韓国に行って全斗煥《チョンドファン》大統領とのトップ外交を展開して雰囲気《ふんいき》を一新したり、また、日米関係も難しいなかで、すぐにレーガン大統領と「ロン・ヤス関係」を築いたりなされました。

中曽根康弘守護霊　うんうん。

加藤　「トップが変わるだけで、実際、これだけ変わるものなのか」ということを、つくづく実感いたしました。

お伺いしたいことは本当に多々あるのですが、中曽根元総理とお聞きしますと、やはり、「信念」や「愛国心」というようなものを非常に強く感じます。このあたりは、持ってお生まれになったものなのか、それとも……。

中曽根康弘守護霊　君ねえ、それは、訊《き》く相手が違うのではないか。もう、訊くまでもないことでね（笑）。私は、「日本の柱」の一人なんだから、それは当たり前ではないですか。

綾織　そのあたりの秘密はちょっと……。

中曽根康弘守護霊　いや、まあ、あとだね。

綾織　では、後ほど、お願いしたいと思います。

中曽根康弘守護霊　ああ。まあ、いいよ。

## 3 「歴史問題」について思う

人物的にも能力的にも優《すぐ》れていた旧日本軍の将校たち

綾織　今、日本の政治は非常に厳しい状態に置かれております。

中曽根康弘守護霊　うーん。

綾織　この一、二カ月を見ますと、安倍《あべ》首相は、歴史問題について、「村山《むらやま》談話等を見直す」と言っていましたが、アメリカから横槍《よこやり》が入ると、すぐに取り下げています。この歴史問題と憲法問題とがつながっていて、憲法改正についても、少し怪《あや》しい雰囲気《ふんいき》が出てきているわけです。

中曽根先生は、憲法改正がライフワークでいらっしゃいますので、今、非常に心配しておられるのではないでしょうか。

中曽根康弘守護霊　うーん……。

綾織　この、「日本は歴史問題をどう乗り越《こ》えていくべきか」について、アドバイスを頂ければと思います。

中曽根康弘守護霊　まあ、ほとんど感情論だな。

私は、戦争中に大学を卒業して、軍人も経験している。海軍の経験をした者として申し上げるが、今、韓国《かんこく》や中国からいろいろ言ってくるのだろうけれども、彼らには、帝国《ていこく》海軍の将校というのは輝《かがや》いて見えていたのではないかな。とても光り輝いて見えていた感じだと思うよ。

そのくらい光り輝いて見えていたものを、何というか、「豚《ぶた》に真珠《しんじゅ》」ではないが、「糞尿《ふんにょう》にまみれた汚《きたな》いところに〝真珠〟を投げ捨てて、踏《ふ》みつけたい」というような衝動《しょうどう》にかられて、やっているんだろう。

今、君たちは、いろいろ霊言《れいげん》を録《と》り始めているけれども、当時の帝国海軍、帝国陸軍の人たちも、お呼びしたらいい。人物的にも能力的にも、とても優《すぐ》れた人であったと思うよ。

だから、それを地に落としたくてやっているのだろう。

戦争を知らない世代の人たちは、戦後の非常に低いレベルからの復興しか知らないかもしれないし、前の野田《のだ》首相あたりでも、「ALWAYS《オールウェイズ》 三丁目の夕日」などの映画を観《み》て日本の戦後を考えているぐらいの世代であったからね。

だから、戦争中の日本軍の誇《ほこ》りの高さや規律や自尊心等については、おそらくご存じないと思う。今の自衛隊みたいなものとは、全然、違《ちが》うものだったからね。

**明治維新《いしん》以降の精神を受け継《つ》いでいた日本軍の誇《ほこ》り**

**綾織**　先般《せんぱん》、東條英機《とうじょうひでき》元首相をお呼びして、お話を伺《うかが》ったのですが、この方も、本当に高潔な志を持っておられることがよく分かりました（『公開霊言　東條英機、「大東亜《だいとうあ》戦争の真実」を語る』〔幸福実現党刊〕参照）。

**中曽根康弘守護霊**　それはそうだよ。

日本軍の誇《ほこ》りというのを、君ねえ、一回負けて失っておるのかもしらんけれども、明治維新《いしん》から日清《にっしん》、日露《にちろ》、第一次大戦と上がってきて、この国をつくってきた者たちの誇りというのは、すごいものだった。その精神を受け継《つ》いでいた者たちが、そんな堕落《だらく》なんか全然していませんよ。

ものすごい使命感に燃えていたのは事実だよ。

アメリカは確かに強かった。強かったけれども、戦いとして見れば、家康《いえやす》だって信玄《しんげん》に負けたことがあるんだからね。信玄が元気なときには、信長《のぶなが》だって怖《こわ》くて怖くて手が出せなかったぐらいだ。

まあ、武田《たけだ》信玄は天下を取れなかったかもしれないし、アメリカ軍は、信長みたいに、最後は〝全国平定〟をしたことになるんだろうけれども、「信玄が生きているうちは、天下を取れないのではないか」と思ったのと同じぐらいの怖さを、（アメリカは）日本に感じていたと思うよ。とにかく強かったと思う。本当に強かった。

彼らにとって、それはあるまじきことだし、「キリスト教国でないところには神のご加護があろうはずもないのに、なぜ？」という感じかなあ。そういう感じだと思うな。

アメリカの卑怯《ひきょう》な攻撃《こうげき》は「武士道から見て情けない」

綾織　アメリカには、今の時代にも、ある程度、その気持ちが受け継がれているところがありまして、日本が、「憲法改正」とか「自主的な防衛体制を整える」とか言い始めると、それを妨害《ぼうがい》してくることがあります。

ただ、今の中国の軍事拡張の情勢を見ると、日本としては、どうしてもそれに対する準備をしなければならないわけですが、アメリカに対して、そのことを、どのように説得していけばよいでしょうか。

中曽根康弘守護霊　米中で一戦交えてもらったほうがよいのではないかね。そのほうがすっきりするね。

米中で一戦交えたら、アメリカは、日本をもっと味方に引き入れたくなるだろう。やはり、一戦交えたほうがいいと思うね。

中国にも、戦いとはどんなものか、自分らが本当に強くなったかどうかを確かめてもらったほうがよいのではないかね。

日本は、中国と二回戦をやっているけれども、中国なんか、まったく話にならなかった。十五対一ぐらいだったら、すなわち、「中国軍十五万対日本軍一万」だったら、日本軍のほうが強かったので、中国軍は、まったく話にならない烏合《うごう》の衆《しゅう》であった。昔の三国志の時代や、項羽《こうう》と劉邦《りゅうほう》の時代とは違って、日本軍の強さは群を抜《ぬ》いていた。まあ、中国はアメリカとやってみたらいいと思うよ。

実際に日本と戦ったアメリカ人は、日本の強さをものすごく知っている。真珠《しんじゅ》湾攻撃《わんこうげき》を、向こうはスニーキー・アタック（卑劣《ひれつ》な攻撃）と言っているんだろうけれども、そうでも言わないと、おれないぐらいだ。自分らも、そういう卑怯《ひきょう》な攻撃の仕方をたくさんしているからね。

　武士道的に見たら、あるまじきことだよ。「兵糧攻《ひょうろうぜ》めをし、エネルギー攻めをし、弾薬《だんやく》が尽《つ》きて、相手がほとんど戦えないところまで準備して、自分たちができるだけ死なないようにした上で戦う」ということですから、武士道から見ると、情けないことだね。正々堂々と戦っていたら、とっくにアメリカは負けていますよ。

## 「自虐史観《じぎゃく》」が加速したのは、政治家が弱かったから

加藤　少し話が戻《もど》ってしまうかもしれませんが、先ほど、旧日本帝国陸海軍の規律の高さ、使命感の高さなどについてお話を頂きました。
　ただ、実際、自民党の歴代の政権のなかでは、宮澤《みやざわ》談話や河野《こうの》談話、あるいは「自社さ」連立政権時代の村山談話などによって、「日本および日本軍は、かなり

悪いことをしてきた」というような、いわゆる自虐史観《じぎゃくしかん》を加速させるような流れがありました。

そうした一連の流れについては、保守政界の最長老、自民党の重鎮《じゅうちん》として、どのようにご覧になっているでしょうか。

**中曽根康弘守護霊**　いやあ、「政治家が弱かった」と言わざるをえないですな。政治家が、ただただ弱かった。

宮澤君が、あそこまで軟弱《なんじゃく》とは、ちょっと……。まあ、彼は戦後のころに、使いっ走りみたいなことをだいぶやらされているからね。そうとうGHQが怖くて、下請《したう》け通訳みたいなことをやっていたような人だから、プライドがちょっと足りなかったかもしらんけれどもね。

やはり、宮澤、河野、村山は、最悪だね。このへんは、もう政治家としては最悪だ。ある意味で、政治を長くやりすぎたのかもしれない。
なぜ、村山さんが（首相に）出てこなければいけなかったのか。まあ、策士は、亀井《かめい》君（亀井静香《しずか》氏）とかだろうけれども、いくら「政権を取り戻す」と言ったって、あれはないいんじゃない？　「社会党の党首を担《かつ》いで政権を取り戻す」というのは、これは取り戻したことになるのか。
ちょっと、寝技《ねわざ》というか、技が効きすぎて、結果的には、社会党を崩壊《ほうかい》させたという……。

加藤　はい。結果的には。

中曽根康弘守護霊　まあ、そういうすごい、ある意味での裏技だったのかもしらんけれども、社会党は、全部否定していたやつが全部肯定《こうてい》に変わったんでしょう？

今、あなたがたがマスコミにやろうとしていることと同じだが、そういう意味で、社会党も今、ほとんどなくなってしまったわけだからね。社民党になって、もう消える寸前で、建物まで消えてきているんだから（注。党本部ビルが老朽化《ろうきゅうか》により解体された）、ある意味では成功したのかもしらんけれども、同時に、自民党の強さが失われたところもあるな。

## 自民党の中枢《ちゅうすう》を「護憲勢力」が占《し》めてきた理由

加藤　先般、宮澤喜一《きいち》元首相と、このような霊言のかたちでお話をさせていただいたときにも（『宮澤喜一　元総理の霊言』〔幸福実現党刊〕参照）、実は、同じような質問をさせていただいたのですが……。

中曽根康弘守護霊　うーん。

加藤　中曽根先生は、「自主憲法の制定」をライフワークとして取り組んでこられましたし、自由民主党自体も、立党当初より、「自主憲法の制定」を党是《とうぜ》として掲《かか》げてきた政党です。

ただ、どういうわけか、宏池会《こうちかい》に代表される護憲勢力のほうが、結果的に、どちらかというと、自民党の中枢《ちゅうすう》を占《し》めてきました。このあたりの分析《ぶんせき》と申しますか、所感などをお伺いできればと思います。

中曽根康弘守護霊　うーん。戦後教育を受けた人が、次第《しだい》しだいに増えてきたからねえ。戦後の新憲法体制下で憲法学ができ、それを教わった人たちが役人や政治家になり、次々に世代交代が起きてきた。その新しい憲法下で、アメリカに飼い慣らされた犬みたいになった人たちが数的に多くなってきた。

それは、マスコミも同じだろうし、教員も同じだろう。

そういう意味で、「占領《せんりょう》政策の影響《えいきょう》は、そう簡単に抜けなかった」ということはあるね。

## 靖国参拝《やすくにさんぱい》等の「戦没者《せんぼつしゃ》の慰霊《いれい》」は、国家として当然のこと

綾織　少しお伺いしにくいのですが、歴史問題に関連し、靖国参拝《やすくにさんぱい》問題についてお尋《たず》ねします。一九八五年に、中曽根首相は、靖国参拝の際に初めて「公式参拝」を明言されましたが、一回きりでやめられたため、それ以降、靖国参拝が政治問題化してしまいました。
これについて、かなり批判を浴びたわけですが、守護霊様の立場としては、どのように思っていらっしゃいますか。

中曽根康弘守護霊　少なくとも、中国に関してはだね。信仰心《しんこうしん》がなく、唯物論《ゆいぶつろん》・無神論の建前《たてまえ》を貫《つらぬ》いているなら、あの世には何もないのだろうから、そんな建物に人が行こうが行くまいが関係のないことであろう。

つまり、「そうした英霊《えいれい》が祀《まつ》られることによって、日本を指導する力を得たら困る」というような霊的《れいてき》な説明をなされて抗議《こうぎ》されるなら、理由はあるかもしらんけれども、信じていないのなら、そんな批判を気にする必要はない。内政干渉《かんしょう》だね。

まあ、日本のマスコミには、「わざわざ、(参拝する様子を)録って向こうに流し、向こうの反応をまた日本に流す」という、キャッチボールというか、マッチポンプというか、自分でマッチを擦《す》って火をつけているようなところがある。そうやって話題を大きくする悪い癖《くせ》が始まったんだよ。

もう少し愛国心のあるマスコミであれば違ったと思う。

私は、戦没者《せんぼつしゃ》の慰霊《いれい》ぐらい当たり前のことだと思うし、まあ、守護霊という立場であるから、霊的にものを言わせていただくけれども、国家として、「国家のために戦って死んだ人たちを祀る」という約束を実際にしていた以上、「靖国で会おう」と約束して死んでいった人たち、あるいは、特攻《とっこう》をしていった人たちのことを考えれば、やはり、慰霊をしてあげるのは当然のことではないのか。

だから、全部が全部救われているとは思えない状態があるし、罪悪史観で、「君たちの先祖は悪人だった」と言われ続けたら、なかなか浮《う》かばれないわね。やはり、考え方を変えてもらわないかぎり浮かばれないし、自分もそう思っていたら、浮かばれない。「そうか。私たちは騙《だま》されて犯罪行為《こうい》をやり、死んだのか」と思っていたのでは、浮かばれようがないよね。

だけど、本当はそうではない。

## 戦争において、「片方が悪で、片方が正義」ということはない

中曽根康弘守護霊　まあ、「ほかの国には、ほかの国の言い分がある」ということは構わないと思う。

アメリカにとって、「アメリカが今までやってきた戦争を全部正当化したい」というふうに持っていくのは、愛国心的に見ても、教育的に見ても、当然であろうけれども、ほかの国から見たら違うであろう。

例えば、フィリピンも戦場になったが、アメリカがフィリピンを占領していたのであって、そのアメリカに占領されていたフィリピンを日本が解放したのである。したがって、「侵略《しんりゃく》戦争」と言うのは結構だけれども、「侵略者はアメリカで、解放したのは日本だ」ということは忘れないでいただきたい。「なぜ、そこまで来る必要が彼らにあるのか」ということだよ。

さらには、日本が台湾《たいわん》を植民地に持っていたのも、朝鮮《ちょうせん》半島に自分たちの国を広げていたのも、気に食わなかったんだろう。本当は、自分たちの植民地にしたかったんだろう。

だから、現実に植民地にはなっていないかもしらんが、アメリカが、日本や朝鮮半島や台湾等を、一部、保護政策下に置こうとしていることは間違いないね。

まあ、侵略の問題については、そんな簡単に、一方的に、「片方が悪く、片方が正義だ」と言うのは問題だよ。「世界の警察官」という自負もあろうとは思うけれども、恨《うら》まれていることも数多くあるからね。

## 幸福の科学の出現で「日本の神々の真意」が初めて明らかになった

中曽根康弘守護霊　まあ、戦後、日本人は、文明の継続《けいぞく》のところを軽視したね。「偽《いつわ》りのかたち」で、それがかたちだけ続いているように見せながら、内心では否定し、軽蔑《けいべつ》してきたところがある。

幸福の科学が出てきて初めて、日本の神々の真意が分かったのではないかな。

これまで分からなかったんじゃないの？　初めて分かったんでしょう？

つまり、日本の神々も、欧米《おうべい》の神々に比べて引けを取るようなものではないことが、これで初めて分かったでしょう。

そういう意味で、幸福の科学の歴史的な意味は、すごく大きなものだと思うよ。

だから、君らがやっている仕事は、君ら自身が認識しているよりも、はるかに大きな仕事だと思う。

## 4 「対中国政策」のあるべき姿

### 自民党が四年で政権を奪還《だっかん》したこと自体は一つの実績

加藤　現在、中曽根先生よりも、はるかに若い安倍晋三《あべしんぞう》首相が、靖国参拝《やすくにさんぱい》にも意欲を示していますし、憲法改正についても、参院選前になって、多少、ぶれてきている面はありますが、それなりに取り組もうとしています。

中曽根康弘守護霊　うーん。

加藤　ただ、一方で、戦前の日本もしくは日本軍の行為《こうい》について謝罪している

「村山談話《むらやまだんわ》」をあっさり継承《けいしょう》してしまうような動きもあるわけですが、現在の安倍政権については、どのような目でご覧になっていますか。

中曽根康弘守護霊　それは……。現行政権に口出しするのは、やはり言葉を選ばねばならんと思うので、難しいな。

もちろん、私らの世代の者から見れば、いろいろな面で物足りなく見えていることは間違《まちが》いないけれども、そうした経験や年齢《ねんれい》分の不足がある面については、見逃《みのが》してやらねばいかんところもあるとは思う。

ただ、四年で政権を奪還《だっかん》したこと自体は、一つの実績であろうと思うね。

## アベノミクスは「ソ連を潰《つぶ》したレーガノミクス」の模倣《もほう》

中曽根康弘守護霊　まあ、経済の、新しいアベノミクス云々《うんぬん》が、どこまで成功するかについては、私たちの年代では少し分かりかねるものがあるのは事実であるけれども、言ってみれば、私の時代のレーガノミクスのようなものかなと思う。レーガンさんは、そうだったからね。財政赤字を抱《かか》え、さらに、貿易赤字も抱えていた。「双子《ふたご》の赤字」というものを抱えていたよね。

双子の赤字を抱えておりながら、ソ連との軍拡競争において、まったく負ける気がなく、ずっと競争を続けて、ついにゴルバチョフをパンクさせてしまった。

ソ連が「もうこれ以上は無理です。国家破産します」ということになり、戦わずして、冷戦を、第三次世界大戦になるべきものを終わらせてしまった。これは、まだ評価が少し足りなすぎるぐらいだ。実際の核《かく》戦争で決着をつけていたとしたら、二十世紀は本当に「世紀末」を迎《むか》えることになったと思うので、レーガンの天才性は、もっともっと認めなければいけないと思うんだよ。

アベノミクスは、ある意味で、レーガノミクスを模倣《もほう》したものだと思うね。たぶん、それに似たものだと思う。

しかし、今、財務省が（安倍政権に）ぶら下がって、またぞろ同じような「不景気対策」を取りたがっている。せっかく、幸福の科学がいろいろ意見を言ってくれて、新しい経済政策に行こうとしているのに、またしても、麻生《あそう》さんあたりは、そろそろ財務省に洗脳されてきているように思う。なかで腰折《こしお》れが起きる可能性がかなり高くなってきているね。

レーガンさんのときは、「『アメリカの財政がパンクする』ということなんか無視して、経済の拡張をし、消費景気を拡大しながら、ソ連をぶっ潰《つぶ》す」ということをやったよね。

綾織　まさに、今、新しい冷戦と言えるような状況《じょうきょう》が来ているわけですが……。

中曽根康弘守護霊　それを財務省が分かっていないんだよ。「中国の覇権《はけん》と戦わなければいけない」ということが分かれば、今、安倍さんがやっている経済拡張路線は、当然、やらねばならんことなんだけれども、彼らは、物事をすぐ家計レベルで考えようとしてくる。これだと、縮んでいくんだな。

「通常戦争で、中国には絶対に負けてはならない」との意見

綾織　地上の中曽根先生のご発言を見ると、「アジア共同体」ということを言われたり、靖国問題でも中国に配慮《はいりょ》されたりと、若干《じゃっかん》、中国に甘《あま》い部分もあるように感じます。

中曽根康弘守護霊　いやあ、「風見鶏《かざみどり》」と言われたことがあるからね。あまりいい表現ではないのだろうが、今の人には「風見鶏」と言っても分からないのでは

ないかな。「風見鶏」って分からないだろう。

綾織　先ほど、「中国は、アメリカと一回戦えばよい」というお話もありましたが、今の時点で、中国をどうご覧になっているのでしょうか。

中曽根康弘守護霊　うーん、ちょっと責任は伴《ともな》うけど、「守護霊が言っている」ということならいいのかなあ……。

本人の発言ということであれば……、まあ、でも、もはや議員は引退しているから、「隠居《いんきょ》のご意見」ということでいいのかね。

まあ、少なくとも、通常戦争で中国に負けるようなことがあってはならないと思うよ。少なくともな。

核戦争に関しては、アメリカとの同盟を維持《いじ》しているかぎりは問題がない。核戦争でやったら、日本は勝てないかもしれないけれども、今は人類の共通の知恵《ちえ》として、そう簡単に核戦争には入らないと思われる。

だから、通常戦争において、中国に負けることは絶対にあってはならない。これについては、財政規律なんていう問題は、度外視しなければいけない。どのようなかたちでお金を集めようと構わない。

通常戦争では、中国には絶対に負けてはならない。

尖閣《せんかく》であろうと、沖縄《おきなわ》であろうと、あるいは、台湾《たいわん》であろうと、その他のアジアのいろいろなところであろうと、アメリカとジョイント（共同）で集団的自衛権を行使するのが当然だと思うけれども、もし、それがなかったとしても、つまり、何かの事情でそれがうまく機能せず、日本独自で通常兵器での防衛戦をすることになっても、中国に見劣《みおと》りすることがあってはならない。日本の伝統から言って、そんなことはあってはならないことであると思いますね。

## 軍事行動に慎重《しんちょう》なオバマ政権では、日本は弱体化する

綾織　アメリカと組んで中国に対抗《たいこう》することができれば、それが、いちばん理想ではあるのですが、一方で、今のオバマ大統領は、軍隊を動かすことに対して極《きわ》めて慎重《しんちょう》な姿勢を示しています。

日本としては、独自に動く選択《せんたく》をするしかないと思うのですが、このあたりについてはいかがでしょうか。

中曽根康弘守護霊　クリントン政権の八年と同じように、今のオバマ政権では、日本が弱体化していく傾向《けいこう》は、どうしてもあるなあ。

ブッシュさんは、親子ともども、すごく侵略《しんりゃく》的に見える戦争をやってしまったから、イメージがとても悪い。そのため、「アメリカとの共同歩調、要するに、

『アメリカと軍事的に同盟し、集団的自衛権を行使し合う』ということは、『アメリカと一緒《いっしょ》になって、他国に攻《せ》め込《こ》んで戦う』ということなのか」と見られるから、（日本政府が）二の足を踏《ふ》んでいるのも分からんことはない。

「一緒にやっていい」と言うのなら、イラクにだって、日本の自衛隊は弾《たま》を撃《う》ち込みに行っているはずだからね。艦砲射撃《かんぽうしゃげき》ぐらいはしているでしょう。

つまり、「日本の利益ではないこと、利害に反することにも巻き込まれるおそれがある」という意味で、政府は慎重な見解を維持しているのだろうね。

ただ、それは、やはり子供が親から自立していくときのやり方と一緒なのではないかな。友達の世界や、学校の世界を使って、親の世界から少しずつ少しずつ自立していかねばならない。一枚一枚、自分たちで処理できるように、少しずつ少しずつ前進していかないといけないのではないかねえ。

## 「国を滅《ほろ》ぼしたゴルバチョフ」はロシアでの評判が悪い

加藤　先ほど、米中戦争の可能性や、「米中の新たな冷戦が始まっている」というお話もございましたので、あえて、いま一度、東西冷戦に関してお伺《うかが》いしたいと思います。

中曽根内閣の五年間は、一九八〇年代の、ちょうど東西冷戦の最終局面にさしかかるころだったと思います。先ほど、「レーガン氏の功績の大きさ」についてもおっしゃられましたが、一方で、ソ連にはゴルバチョフという人材がいました。また、それに加えて、西側には、サッチャー首相や中曽根首相がいましたし、さらには、コール首相やミッテラン大統領などの、個性的ながら実力のある指導者が揃《そろ》っていました。

中曽根康弘守護霊　うーん。

加藤　東西冷戦があのように意外なかたちで終結したのは、首脳同士のこうした人間関係というか信頼《しんらい》関係が、大きく作用したと思います。特に、ゴルバチョフ氏の存在が大きかったと思います。

当時のことについて、今、どのように感じていらっしゃるでしょうか。後世への遺産になるようなお話や、今後のヒントになるようなお話を頂ければありがたく思います。

中曽根康弘守護霊　まあ、ゴルバチョフは、国を滅《ほろ》ぼした人だから、ソ連というか、ロシアでの評判は悪いね。

日本で言うと誰《だれ》に当たるか。「国を滅ぼした」ということが、あるかどうかだけれども、ときどき、幕府が倒《たお》れるときがあるから、それぞれの幕府の「最後の将軍」みたいなものかな。ここで言うと障《さわ》りがあるらしいから、これ以上は言わんが、ゴルバチョフには、そのようなところがあったのかもしれない。

まあ、欧米《おうべい》的な思考が通じるので、欧米には人気があったがな。

## 中国に「新たな〝ゴルバチョフ〟」は出てくるか

中曽根康弘守護霊　中国にも、アメリカ留学組は大勢いるんだけれども、留学組は、最終的に政治の中枢《ちゅうすう》部の政治局で権力を発揮できないところで（出世を）止められている。利用はされても、権力は持たせないようになっているが、本当は、アメリカ留学組などが権力を持つようになれば、もう少し話が変わる可能性はあるかもしれないけれどもね。

現実には、中国の内部問題は、そうとう膨《ふく》らんでいると思うよ。

加藤　「中国に新たな〝ゴルバチョフ〟が生まれるのは厳しい」ということでしょうか。

中曽根康弘守護霊　習近平《しゅうきんぺい》が、あれほど強面《こわもて》でやらなければいけないこと自体、「中国は、今、本当に厳しい状態にある」ということなんだろう。

その「反対の者」が出てくる可能性もあるとは思うし、民衆も、そういう人ではないタイプを求めてくるだろうけれども、それを止めようとするだろうね。

あなたがたは、ゴルバチョフにいいイメージを持っているだろうけれども、彼は、日本で言えば、鳩山由紀夫《はとやまゆきお》みたいな政治家かもしれないわけだ。向こうの人には、「あっという間に国が瓦解《がかい》する」というように見えているかもしれない。

非常にいい人なんだが、実際の政治では、「〝怖《こわ》いソ連〟をやめたら、途端《とたん》にガラガラと崩壊《ほうかい》してしまった」ということがあったし、大統領が誘拐《ゆうかい》されるなどということ、あってはならないことまで起きたからね。

だから、中国には、「トップは、あくまでも、すごく怖くて強い人でなければ抑《おさ》えられない」という気持ちがあるだろうと思う。

その路線を継《つ》いでいくか、その正反対の者が出てくるか。ただ、その正反対の者が出てきて、自由を与《あた》えたときには、国が瓦解する可能性はあるだろうね。

## 5 「国体」が変化しつつある日本

### 新たなる〝詔《みことのり》〟で日本の国体が変化しようとしている

綾織　先ほど、対アメリカについて、「日本はジワジワと自立していくしかない」というお話でしたが、そのためには、やはり、「憲法改正」ということがいちばん大きな問題になってくると思います。

中曽根康弘守護霊　いやあ、もう、そんなに大きな問題ではないかもしれない。

綾織　そうですか。

中曽根康弘守護霊　ある意味で、大きな問題ではないかもしれない。「正しい方向は何なのか」ということが分かれば、本当は問題ないことなのでね。

とにかく、憲法自体は、日本を〝鎖《くさり》〟につなぐ仕事をずーっとしてきたわけであって、日本は、〝鎖〟の範囲《はんい》内だけを自由に動ける犬のような状況《じょうきょう》に置かれていたけれども、正しい方向さえはっきり見えていれば、それほど大きな問題ではないかもしれない。

というのも、今は、大川隆法総裁から、いろいろと〝詔《みことのり》〟が出ているから、それに従う人が増えれば、やっていいことと悪いことは分かる。ある意味で、今、憲法とは違《ちが》うかたちで日本の国体が変化しようとしているように、私には見えるなあ。

綾織　国体の変化であるわけですね？

中曽根康弘守護霊　うん。日本の国体が変化しようとしているように見える。

綾織　これは、ある種、聖徳太子《しょうとくたいし》の時代に仏教を取り入れて、新しい国体になったのと同じことが、今、また起ころうとしているわけでしょうか。

中曽根康弘守護霊　そうそう、そんな感じ。

だから、今、一つの「新しい世界観」が提示されることによって、日本のあるべき姿や未来の姿が、すべて示されようとしつつあるわけだ。

まあ、この世的には、憲法改正をやってもいいだろうと思うけれども、君たちの仕事を見ていると、あってもなくても、もう、どちらでもいい状態に行こうとしているように見える。

綾織　そうですか。

中曽根康弘守護霊　要するに、信じる人が増えていけば、結果的には、憲法改正があってもなくても一緒《いっしょ》だよね。

綾織　はい。

中曽根康弘守護霊　聖徳太子は、テクニカルな問題だけでないかたちで、日本の国のあるべき姿を変えようとし、「日出《い》づる国」として、隋《ずい》に対等以上の立場を示した。それと同じように、「そういう方が出てきた」ということを日本国民が認めたら、基本的に、中国や韓国《かんこく》、北朝鮮《きたちょうせん》等は黙《だま》らされることになる。

## 民族神を超《こ》えた「地球神」までつながっている日本神道《しんとう》の霊界《れいかい》

綾織　聖徳太子の時代には、「天皇と仏教の関係をどうするか」ということが問題になっていたわけですが、現代においても、保守系の方々から、「幸福の科学と天皇との関係は、どうなるのか」と心配する声も出ています。また、大川総裁の「新・日本国憲法 試案」(『新・日本国憲法 試案』〔幸福の科学出版刊〕参照)のなかでも、天皇の位置づけについては非常に議論を呼んでいる面があります。

中曽根先生は、おそらく、過去世《かこぜ》においても、天皇と非常に近い関係でいらっしゃって、逆に、「天皇を守る」ということに腐心《ふしん》されてきたと思うのですが、このあたりの議論については、どのように思われているのでしょうか。

中曽根康弘守護霊　「国としての歴史が長い」ということは、やはり、世界に誇《ほこ》れることであるからね。

　日本の歴史を語るにあたっては、やはり、天皇を語らずにはおけない。ただ、戦後の教育では、神話時代の天皇のところが、ほとんど抹消《まっしょう》されてしまっているので、「証拠《しょうこ》が残っていて、考古学的に認められるもの以外は否定する」というようなかたちになってきており、歴史を〝縮めて〟いらっしゃる。

　まあ、大川さんは、日本の天皇制の始まりである神々の、そのまた元を説こうとされているように見えるから、「天皇制が危ない」という見方も一部にあろうかとは思うけれども、皇室に、さらに権威《けんい》が付く場合もありえる。

　要するに、天皇は、日本の固有神、いわゆる民族神として理解されていた。

綾織　はい。

中曽根康弘守護霊　だから、宗教に肯定的《こうてい》な人でも、日本の民族神としての天皇制を肯定すると、「ほかの民族とは違うのだ」ということで、民族間の争いが絶えなかった。

しかし、今、この日本の天皇制の奥《おく》の「神々の世界」に入り、「日本の神々の霊界《れいかい》は、地球人類全体を統《す》べる神様までつながっている」ということが分かってきた。さらに、先の戦争について、「よく言っても、『民族神同士の争い』だったのか」、あるいは、「『神対悪魔《あくま》の戦い』だったのか」という二説を超《こ》えた判定が出てこようとしてきているわけだ。

## 幸福の科学の教えによって皇室の権威《けんい》もさらに高まる

中曽根康弘守護霊　その意味では、「天皇制が弱くなる」という言い方もあるかもしれないけれども、すでに、天皇が現人神《あらひとがみ》であることを否定なされて、「人間宣言」をされている状況ではある。そのため、今、祭祀長《さいしちょう》としての宗教的な仕事が表立ってできない状態になっているね。

実際、天皇家の人々は、あちこちの神社においでになっていますけれども、それは「訪問」というかたちになっていて、実際上の祭祀ができていない。この部分が取り戻《もど》せてないね。

だけど、この幸福の科学の教えが出ることによって、彼ら（天皇家）に宗教的なパワーが戻ってくるところはあると思う。

## 「日本ファシズム論」「天皇制オウム論」が敗れるときがくる

中曽根康弘守護霊　「日本の民族の発展や幸福を考え、祈《いの》る」ということは、天皇の大きな仕事の一つであるので、その仕事自体は、天皇家で連綿と続けていっても構わないことだね。

ただ、それを日本独自のものだけでやったのではいけない。日本の皇室の歴史を見ると、日本の外のところまでの話はなかなか出てこなくて、古いもので、朝鮮・中国との植民地戦争や、あるいは、「倭寇《わこう》があったか、なかったか」みたいな感じのものとか、元寇《げんこう》との争いなどはあったかもしれないが、もう一段、それを超えてのものはなかったと思う。

だけど、今、「それを超えたもの」が出てきたので、これで、日本の位置づけや使命も明らかになるし、日本の発展が、「ただただ日本のみ発展すれば、他の国を滅《ほろ》ぼしたり、不幸にしたりしてもよい」ということにはならなくなるわけだ。

別な意味で言えば、「天皇制に、もう一段、確固たる基盤《きばん》ができた」という見方をすることも可能だと、私は思いますね。

綾織　非常に重要なお話で、歴史問題も、これによって、非常にクリアーにされるところが出てくると思います。

中曽根康弘守護霊　そうです。だから、「日本ファシズム論」や、丸山眞男《まるやままさお》的な「天皇制オウム論」みたいなものは完全に敗れる。つまり、民族神の枠《わく》のなかで話をしているかぎりは、勝ったほうが負けたほうを完全に裁けるような状態になるけれども、民族神のレベルを超えた議論になってきた場合、裁けなくなってくるね。

あの「イスラエル対アラブの戦い」についても、最終決着としての価値判断は、たぶん、ここから出てくるものになると思う。

だから、それまでは、ここの国際伝道部隊が、ある程度、基盤をつくらなければいけないわけだ。今、ジワジワと国内に意見が浸透《しんとう》しているように、世界に意見が浸透していかなければ、言っても甲斐《かい》のないことであるからね。

綾織　はい。「日本の役割は非常に大きい」ということが、よく分かりました。

中曽根康弘守護霊　うーん。

# 6　安倍《あべ》政権への期待と苦言

## 長期系銀行の消滅《しょうめつ》とともに長期的な視野もなくなった日本

綾織　歴史と軍事にかかわる話をお伺《うかが》いしてきましたが、先ほど、経済についての話も少し出ました。

中曽根康弘守護霊　うん、うん。

綾織　日本は、今、「失われた二十年」というように言われています。

中曽根康弘守護霊　うーん。

綾織　中曽根政権の最後のあたりで、「バブル批判」というものが大きく起こり、その後、「バブル」が崩壊《ほうかい》したのですが、ただ、「バブル」と言われるなかでも、また、次の新しい経済発展をつくっていくことが大事だと思うのです。

そこで、当時を振《ふ》り返りながら、「中曽根政権として、どうすべきだったのか」ということや、今、安倍《あべ》首相によるアベノミクスには、「バブルではないか」という批判も起こっておりますので、「これについて、どう考えていくべきなのか」ということをお教えいただければと思います。

中曽根康弘守護霊　これは、マスコミの「後《おく》れ」にしかすぎないのではないでしょうか。

つまり、「日本のマスコミには国際性がない」ということだね。日本のマスコミは、非常に島国根性《こんじょう》を持っているんですよ。「この一島だけで経済が成り立っている」と思っているところがまだあって、視野が狭《せま》いですね。

アベノミクスでは、この前、「アフリカへの投資を大胆《だいたん》にやる」と言って、中国と競争するところを打ち出してきた。そのあたりには、そうとう雄大《ゆうだい》なものがあると思うし、やるべきだと思いますよ。

やはり、「無神論国家の手先」をたくさんつくられたのでは、たまりませんので、それは堂々とやるべきです。ここまでの構想は、外務省にも、経産省にも、財務省にも、なかなかない。

財務省に言わせれば、「ただの無駄遣《むだづか》い」ですから。「アフリカに金を出して、道路をつくり、空港をつくる」などということは、財務省から見れば、とんでもない無駄遣いなんですよ。「あんなところに寄付しようが、円借款《しゃっかん》しようが、返ってきませんよ。どうせ、ふんだくられて終わりですよ」ということなんだけれどもね。

　まあ、日本に長期系の銀行がなくなったことで、長期的な視野がなくなったところがあるのではないかねえ。

　長期系の銀行があったときは、国内で長期的な発展部分があまりなくなってくると、日本の貿易相手として、海外を長期的に発展させて、経済を大きくするようなことを考えていた。まあ、そうしたものを廃止《はいし》したが、ある意味で、ちょっと誤りがあったのではないかな。役所でそれを考えられるところがあまりなかったからね。

加藤　大川総裁も、「長期系の銀行が軒並《のきな》みなくなったことが、日本に長期的な視野がなくなった原因の一つである」と指摘《してき》しておられます。

中曽根康弘守護霊　そのとおりなのではないかねえ。

## 幸福実現党の経済政策の〝いいとこ取り〟をする安倍《あべ》首相

加藤　先ほど来《らい》の高尚《こうしょう》な話に比べて、やや卑近《ひきん》なテーマになってしまうのですが、今度の参議院選挙でも、「消費税をどうするか。今、五パーセントの消費税率を八パーセントに上げるのは是《ぜ》か非か」が、争点の一つになると思います。

私ども幸福実現党は、「このタイミングでの引き上げは、経済的によろしくない」ということで、反対の論陣《ろんじん》を張っております。

中曽根康弘守護霊　うーん。

加藤　中曽根政権のときにも、「売上税」の構想があったかとは思うのですが、竹下《たけした》内閣での消費税導入や、そのあとの橋本《はしもと》内閣での三パーセントから五パーセントへの引き上げ、さらには、今回の五パーセントから八パーセントへの引き上げについては、いかがお考えでございましょうか。

中曽根康弘守護霊　ここのところが、いちばん根本的な問題で、理論的に論破できなければいけないところだね。

幸福の科学の言っていることは、ノーベル経済学賞を取ったアメリカの学者さんが言っていることと一緒《いっしょ》なんだけれども、安倍《あべ》さんは、それの半分だけ、いいとこ取りをして、残りは聞いていない。

だから、その経済学者は、「アベノミクスは正しいことだ」と言っているけれども、「消費税は悪税であるから導入してはならない」というような言い方もしているね。「これをやったら景気は必ず腰折《こしお》れして、アベノミクスは失敗に終わるだろう。来年の四月になど、絶対に上げては駄目だ」ということを言っているが、これについて、安倍さんは、半分聞いて、半分聞いていない。それは、安倍さん自身に、本当の意味で経済を分かっていないところがあるんだろう。まあ、大川さんは、それが直感で分かっているんだと思いますけれどもね。

## 発展につながる投資を「無駄遣《むだづか》い」と判断する政治家は失格

中曽根康弘守護霊　まあ、安倍さんに、もうちょっと、レーガンのような大胆さがあればね。つまり、もう一回、経済力で中国に巻き返しをかけて、アジアのナンバーワンを奪還《だっかん》するぐらいのつもりがあれば、外国から資金を集めるぐらいのことは、どうってことない。日本の発展期の企業《きぎょう》だって、いろいろと融資《ゆうし》を受けて大きくなっていったわけだからね。

まあ、家計レベルの小さな経済学で言えば、「収入の範囲内《はんい》で生活しましょう」「父親の生涯《しょうがい》賃金を超《こ》えた借金をしたら潰《つぶ》れます」というのは、そのとおりです。だけど、先の日露《にちろ》戦争もそうだったし、そうした戦争のときなどは、外債《がいさい》をたくさん集めてでもやっていますわね。「それで（国家が）潰れるか」と言ったら、別に潰れるわけではなく、それを契機《けいき》として、いろいろな技術革新が行われ、新しい産業が立ち上がり、次の段階のステージに上がるんですよ。

だから、家計的に見れば、借金が増えるように見えるかもしれないけれども、新しい産業を起こして国防力を強化するようにしていけば、それは、この国のさらなる発展を呼び込《こ》むことになるんですね。

まあ、マスコミは、今、小さく捉《とら》えているから、「怖《こわ》い無駄遣《むだづか》いだ」と、一生懸命《いっしょうけんめい》についていてくると思うんだけれども、私の今の意見としては、「それは考え方次第《しだい》だ」と思うんだよねえ。

例えば、鳩山《はとやま》君のときにだって、八ツ場《やんば》ダムか？　三千億円も投入して七割方できていて、あと一千何百億円で完成するというものを、住民も避難《ひなん》が終わって、住宅も建て終わった状態で、「無駄だからやめる」みたいなことを言った。だけど、「やめるほうがどれほど無駄をつくるか」ということを分からずにそういう判断をすると、政治家としては、やはり失格になると思うね。

自民党がよかったのは、「四十年近く長期政権を担《にな》ってきたために、国が安定的に発展した」というところだ。

だから、あまり、二大政党でギッタンバッタンしないほうがいいと思う。その意味では、憲法改正も、ある程度安定した政治が続く見通しがあるのなら改正してもいいと思うが、あまりにも揺《ゆ》れるのであれば、危険な面はあるかと思います。

## 「国防」を判断軸《じく》にして憲法改正に取り組むべきだ

加藤　今のお話ですと、あまり政権が揺れるようであれば、「憲法改正の発議《ほつぎ》要件を国会議員の『過半数』に引き下げることには、将来的に危険が伴《ともな》う」とお考えですか。

中曽根康弘守護霊　もし、三年おきに民主党と自民党が入れ替《か》わるのであれば、これはたまらない。要するに、正反対になると思うよ。そのたびに憲法改正を出されたら、たまらないですよね。

やはり、ある意味での長期政権というか、長期政権でなくてもいいですけれども、合意として、ある程度の長期の見通しが立っているならいいですよ。

今は、大きく言えば、「この国を守るのか、守らないのか」ということが、一つの判断軸《じく》ですね。つまり、「この国を守る」ということについて、与野党《よやとう》を超えて合意ができるのなら、憲法改正に踏《ふ》み切るべきでしょう。

**「消費税増税」によって国力が落ちるおそれもある**

加藤　消費税の話に戻《もど》ってしまうのですが……。

中曽根康弘守護霊　あ、消費税ね。

加藤　自民党の重鎮《じゅうちん》として、おっしゃりづらい面もあるのかもしれませんが、このタイミングでの引き上げについては、ネガティブといいますか、直感的に「危ない」と感じていらっしゃいますか。

中曽根康弘守護霊　君らが言っているように、景気がよくなり、全体的に会社の収入が増えて、人件費も増えれば、当然ながら税収は増えるから、国庫はプラスになる。けれども、国債の利払《りばら》い費も上がってくるからねえ。

利払い費自体がそうとうあるから、財務省は、そちらを恐《おそ》れているわけで、たぶん、「日本の国債が国際的な信用を失った場合、日本を『投機的格付け』にされたら、たまらない」というような部分があるんだと思う。

ここのところは、経営者的な感覚で、トータルで見ないかぎり、ちょっと判断しかねる部分だ。

ただ、「（財政再建を）JAL《ジャル》を再建したときみたいな手法でやる」というなら、どうしてもダウンサイジング（規模縮小）になるでしょうから、それはかなり厳しい。

会社なら、ダウンサイジングで人を削《けず》って放り出しても、ほかに転職すれば行くところはあるけれども、国全体でダウンサイジングをやったら行くところがないんだよ。

つまり、「ただの失業者がいて、それに補助金を出さなければいけない」ということになるわけだ。この補助金と利払い費が増えることとの競争だな。

「国家としては、いい体質になりました。しかし、実際は、〝難民〟が溢《あふ》れております。失業者が溢れていて、それをどうにかしなければいけません。それを、『社会保障費の増大』というかたちで埋《う》めていきたい。社会保障費の増大を、消費税の増税で埋めていきたい」ということになれば、消費税の正当化ができるわけだ。だけど、結局、「仕事ができる人たちを辞《や》めさせて、働かせずに補助金漬《づ》けにする」ということであれば、国力としては落ちていくことになる。その意味での消費税なら、国力は落ちていくことになるわねえ。

## 財務省は「将来的に利益を生む部門」への投資を考えよ

中曽根康弘守護霊　国も非営利事業だから、そういう意味で、「営利性のないことに投資する」という目的はあるんだとは思う。だけど、大蔵省……、いや、財務省か。まあ、財務省がやるべきことは、「非営利事業でも、将来的に利益を生む部門に投資していく」ということだろうね。

今、マスコミは、原発など、かなりの投資をして維持《いじ》費もかかっているものを、一生懸命、ただただ廃炉《はいろ》にしていこうとしているけれども、マスコミには、経営能力がほとんどないからね。

これは「新社屋は建てたが、そこで仕事をしてはいけない」と言っているのと一緒だ。「光熱費等が安くて済むから、昔のぼろぼろの社屋が地震《じしん》で倒《たお》れるまで、そちらでやり続けろ。そちらにいたら、おまえたちも贅沢《ぜいたく》しないから、ハイヤーは使わないだろう。歩いて地下鉄に乗って取材するだろう。だから旧社屋でやれ。新社屋を建てたけれども、これは使わないで封印《ふういん》する」といったような感じに見えなくはない。

要するに「国の財産を収入源に変えよう」という発想があまりなく、活動を止めて、「全部無駄だった」というようにしていくのは危険な考え方だな。

まあ、消費税云々《うんぬん》については、私も売上税をやろうとしたので、少し難しいんだけれども、あの段階では景気がよかったのでね。（予算の）単年度制のところを、もう少し見直すことができれば、内部留保をすることができた可能性があるんだが、これについてはマスコミも叩《たた》くのでね。「税金を取りすぎているんだから戻せ！」と、必ず言ってくるのでねえ。

このへんの合意があればいいのだけれども、やはり、単年度制のところで、「使い切り」というのは、いくら何でもひどいのではないでしょうか。

綾織　ありがとうございます。

# 7　中曽根流・リーダーの条件

## 最も大事な資質は、先を見通す「目測力」

綾織　中曽根首相といいますと、やはり、「戦後、最もリーダーシップを発揮した政治家」と言われていますので、政治家としての指導力について、ぜひ、お伺《うかが》いしたいと思います。

中曽根先生は、首相になられる前から、長い間、準備しておられたため、首相就任後、「集中して何をやるべきか」ということを決めて、どんどん仕事をしていかれました。

そのあたりを踏《ふ》まえて、帝王《ていおう》学のポイントといいますか、指導力の源泉について、その一部なりとも教えていただければありがたいと思います。

**中曽根康弘守護霊**　うーん、まあ、いちおう哲学《てつがく》だと思うんだがね。だから、政治学的になるかもしらんし、「宰相学《さいしょう》」ということになるだろうけれども、やはり、リーダーにとって、いちばん大切なのは「目測力」だ。

目測力というのは、日本語としてないかもしれないし、君たちは「先見性」と言うのかもしれないけれども、私は海軍にいたからね。海軍では、「弾《たま》を撃《う》つときに、どの角度で、どのくらいの強さで撃てば、標的に届くか」ということを目測する力が非常に大事なんだよ。これを間違《まちが》うと、弾が全部無駄《むだ》になっていくからね。つまり、「その標的に当たるようにするには、四十五度の角度で、このくらいの速度で撃ち出す」とか、「これくらいだったら、あそこに着弾《ちゃくだん》して、このくらいの破壊力《はかいりょく》になるだろう」とかいうのが、いわゆる目測力だな。これができなければ、いくら弾を撃ったって、そんなもの、当たるわけはありませんわね。

政治家も同じく〝弾〟を撃つわけですよ。「政策」という〝弾〟を撃って、それを実現させようとするわけだが、「その〝弾〟を発射して、それが、どういう感じで〝着弾〟して成果をあげるか」ということを見通す目測力がどうしても要《い》ると思います。それは、外交関係においても、経済問題においても、それから、次の世代のリーダーを育てる面においても、新産業の育成についても、たぶん同じだろうと思うし、「今後、国論がどういうふうになっていくか」という読みも同じだろう。また、中国に対する対応や、韓国《かんこく》、北朝鮮《きたちょうせん》への対応も一緒《いっしょ》だけれども、その目測を誤ったら、リーダーとしては終わりだから、これをいちばん大事な資質として挙げたい。

まあ、幸福の科学や幸福実現党は、目測力の非常に高い団体だと思いますけれども、ただ、「構成員が、みんな、そうなのかどうかは、まだ分からない」という感じはちょっとするね。

異質な才能を抱《だ》きかかえ、成果をあげる「結合力」

綾織　そうした目測力があって、そのあと、「反対勢力もあるなかで、実際に人を動かしていく」というところでは、何か……。

中曽根康弘守護霊　そうだ。「結合力」だね。

いろいろな才能を持った人がたくさんいる。いろいろな分野にいろいろな人がいる。異質なタイプの人がたくさんいるけれども、国のレベルで仕事をしようとしたら、やはり、そうした異質な才能や立場の違いを超《こ》えて人の力を結集しなければ、いい仕事はできない。

例えば、普通《ふつう》、官房長官《かんぼうちょうかん》は自派閥《じはばつ》から出すが、私のときには、中曽根派からではなく、田中《たなか》派から後藤田正晴《ごとうだまさはる》氏を借りてきて、女房《にょうぼう》役の官房長官に置いたことが、長期政権の原因になったと思う。本来、自派閥から出さなければいけない官房長官を他派閥から出して女房役に据《す》えたので、ご意見がちょっとうるさかったけれどもね。私の内務省の先輩《せんぱい》でもあったから、うるさいところもありましたが、そうした重鎮《じゅうちん》を置くことで、「役所全体に睨《にら》みを利《き》かす」というようなことをやりましたわね。

そういうこともあるし、佐藤栄作《さとうえいさく》さんのときなども、田中角栄《かくえい》さんと福田赳夫《ふくだたけお》さんみたいな、党人派と官僚《かんりょう》派という、まったく違ったタイプを張り合わせて政権運営をやっていたよな。本人同士は、そういうふうな喧嘩《けんか》をするんだろうけれども、その異質な才能、大事な才能を抱《だ》きかかえるようにして、成果をあげる力が必要だと思うんだね。

だけど、この教団にも、そういう面は多分にあるように思うよ。たぶん、弟子《でし》同士には、才能を競《きそ》って排除《はいじょ》し合うような面があるんだろうけれども、何とかまとめて、いい成果をあげようと努力なされているように思うので、政治のほうでも、政党とかでタイプの違いや好き嫌《きら》いを超えて、いい仕事をしていくような練習ができればいいわね。

あとは、教団を超えたところだろう。つまり、信仰心《しんこうしん》でまとまっているうちは便利だけれども、今は、「教団を超えた人と協力して、どこまでやれるか」というところが試《ため》されているのではないかね。なかだけで全部完結できないので、「どの程度、外の人と力を合わせてやれるか」という結合力が、今、非常に大事なのではないかねえ。

## 政治家を大きくする「宗教家的な異次元パワーの体験」

綾織　そうした政治家としての器《うつわ》の部分では、中曽根先生は、毎週、坐禅《ざぜん》を組んで精神修養をされていましたが、現代の政治家には、なかなか、そうした方がいらっしゃらなくて、宗教的修行《しゅぎょう》と政治というものが、あまり結び付かないようなところもあります。このあたりの意義について教えてください。

中曽根康弘守護霊　ああ、それは、ちょっと、大川総裁に訊《き》いてみないと分からない。野狐禅《やこぜん》かもしれないのでね。禅の格好だけしていて、本当は野狐禅かもしれないんだけれども……。

綾織　いえいえ。

中曽根康弘守護霊　いちおう、禅の師匠《ししょう》が「見性《けんしょう》した」とおっしゃってくださったこともあるのでね。本当かもしれないし、違っているかもしれないし、これは総裁に訊かないと分からないが、坐禅を組んで、お尻《しり》の下に深い〝井戸《いど》〟を何千メートルも掘《ほ》っていくぐらい、ずーっと意識を落としていくんですよ。そうやって深いところまで意識を落としていくと、そこから、智慧《ちえ》の泉のようなものがサーッと上がってくるような感じがあって、そして、パーンと新しい力が湧《わ》いて出るような経験を何度かしたことがあった。（禅の師匠が）「これは見性に当たる。小さな悟《さと》りだろうが、禅的な悟りだ。それに当たるのだ」とおっしゃられたんだけれども、私には、もうひとつ分からない。

まあ、宗教家的に、そういう異次元パワーを、ある程度、体験しないと、政治家も、もう一段大きくなれないのではないかなあ。

綾織　それが、かなり指導力の源泉になっていたわけですか。

中曽根康弘守護霊　うんうん。私とは別の意味で、「田中角栄さんみたいな人は超能力者《ちょうのうりょくしゃ》である」と、みんな、そう思っていたよ。

綾織　はい（笑）。

中曽根康弘守護霊　まあ、霊能者《れいのうしゃ》と呼ぶべきかどうかは知らないが、超能力者であることは間違いなかった。あれは、一種の超能力者だったと思う。あの人は、普通でない感じだったね。

## 8 「宗教立国の精神」で国づくりを

### 安倍《あべ》首相に必要なのは「決断力」と「実行力」

加藤　中曽根先生、ただいま、政治的リーダーシップというか、政治家に必要なものとして、「目測力」というお言葉を頂きましたし、「人を使う器《うつわ》」ということでは、後藤田《ごとうだ》官房長官《かんぼうちょうかん》起用のケースなども教えていただきました。

中曽根康弘守護霊　うん、「結合力」だね。

加藤　はい。さらに、「宗教的な修行《しゅぎょう》」ということも教えていただきました。

それで、実は、本日の霊言《れいげん》のタイトルですが、大川総裁より、「中曽根・元総理最後のご奉公《ほうこう》」ということで（笑）……。

中曽根康弘守護霊　最後ですか……。そうですか。

加藤　「日本かくあるべし」というお言葉も頂いているのですが、これからの日本のあるべき姿について、目測力も踏《ふ》まえて、ぜひ、お言葉を頂きたいと思います。

中曽根康弘守護霊　だから、「目測力」、「結合力」、さらには「決断力」、それから「実行力」。こういうものが必要だよ。

決断力や実行力というのは、田中角栄《たなかかくえい》さんなどが、すごく強く持っていたものだが、今の首相にも、この決断力や実行力が必要だと思う。まあ、実行力と言ったら、平凡《へいぼん》すぎるけれども、「実際にやってのける能力」だよね。だから、アベノミクスならアベノミクスで、「ちゃんと貫徹《かんてつ》してやってのけて、成果をあげる」という能力が大事だし、憲法改正を言っているのなら、「万難《ばんなん》を排《はい》してやってのける」という強い意志が必要だろう。

## 「聖徳太子《しょうとくたいし》精神」を発揮すれば他国から理解してもらいやすい

中曽根康弘守護霊　そして、その元になる力が必要だね。
安倍《あべ》さんも、宗教には関心があって、いろいろなところにチョコチョコと顔を出したり、勉強したりしているようだし、信念もないわけではないんだけれども、「もう一段、深いところまで、ブスッと入っていない」という感じがするので、まだ、いろいろなものにやられている部分はあるのかなと思います。今までの戦後の歴史を覆《くつがえ》そうとしているわけだから、やはり、基本的には、「反対のもの」を出してこなければ駄目《だめ》だと思いますね。

だから、私は、「宗教立国はいい」と思いますよ。つまり、「聖徳太子《しょうとくたいし》精神」を現代に違《ちが》ったかたちで発揮して、それに基《もと》づいて立国すれば、おそらく、今後、問題になってくるであろうイスラム教圏《けん》とも理解し合える部分ができてくるし、キリスト教圏にも、ある程度、理解してもらえると思う。

さらに、中国等にも、かつて仏教などを伝えてもらった恩返しができるし、インドにもつながっていくところがあると思うので、「宗教立国の精神」で国づくりをなさったらいいのではないかと思うね。

## 9　幸福実現党への意外なアドバイス

### 自民党に大川隆法がいれば安泰《あんたい》だった？

綾織　中曽根先生は、一九八七年ごろ、すでに大川総裁に対して、国師《こくし》としての位置づけをされていたかと思います。今、幸福実現党という新しい政党ができていますが、中曽根先生からは、どのように見えるのか、アドバイスも合わせてお教えください。

中曽根康弘守護霊　いやあ、九十五歳《さい》ということになっておるから、もう、聞く耳を持つ人が少なくてね。「七十三歳定年制」で追い出されておるからさ。まあ、会社を辞《や》めて、二十年もたてば、社長も忘れられる時代だよねえ。

綾織　いまだに、ニュースとしても取り上げられていますので、影響力《えいきょうりょく》があると思います。

中曽根康弘守護霊　ああ……。

いやあ、惜《お》しいことしたよなあ。自民党は惜しいことをしたのではないかねえ。大川さんは、宗教家のほうがよかったのかなあ。だけど、大川さんを、若いころ、自民党でリクルートしようとしたんだがねえ。あっちへ持っていけば、よかったんだよ。

綾織　そのへんは、後藤田《ごとうだ》先生がいろいろとされて（笑）……（『カミソリ後藤田、日本の危機管理を叱《しか》る』〔幸福実現党刊〕参照）。

中曽根康弘守護霊　そうなんだよ。自民党に持っていけば、もう安泰《あんたい》だったんだがな。宗教のほうは、（政治家を）引退してからやってもらえばいい。

綾織　いえいえ。

中曽根康弘守護霊　七十三歳で自民党を定年になって、それから宗教だ。九十五歳でも百歳まででもやってもらえば、それで、十分に国師ができるよ。

綾織　やるべき使命が大きかったと思いますので……。

中曽根康弘守護霊　ちょっと惜しいよなあ。

今（自民党には）小粒《こつぶ》な人しか残っていない。先を見ても、安倍《あべ》さんからあとを見ても、もう小粒な者しか残っていないので、やはり心配だねえ。そういう人では、世界の大国と伍《ご》していくには、かなり厳しいよ。

僕《ぼく》みたいな戦中派でも、アメリカへ行って英語でスピーチをしたり、フランスへ行ってフランス語でちょっと挨拶《あいさつ》をしたりするのは、旧制高校の勉強の乗りで教科書を引っ張り出すぐらいのことでやれたんだけれども、戦後教育を受けた者たちは、英語で話さえできないレベルなんだよ。これはひどいと思うね。

だから、「外国にも通じる人で、内面の深さにおいても世界級の人が日本にいる」ということには、すごく大きな意味があるのではないかねえ。

## 「丸ごと自民党に入って幸福実現派をつくれ」との提案

加藤　そうした意味でも、幸福実現党は、今回の夏の参議院選挙で新しい未来を拓《ひら》くべく、全力で頑張《がんば》ってまいる覚悟《かくご》です。

中曽根康弘守護霊　いや、君らには、「丸ごと自民党に入ってしまう」という手もあるよ。

加藤　（苦笑）いえ。幸福実現党には、「新たな未来を拓く」という、大きな歴史上の計画や使命があると思いますので。

中曽根康弘守護霊　派閥《はばつ》として、「幸福実現派」というのを、ポッと入れてもらえば、それで済むんじゃないか（会場笑）。もしかしたら、そのほうが早いかもしれないよ。めんどくさいじゃないか。

綾織　自民党が今の公約のような状態だと、なかなか入っていけないところもありますので、やはり……。

中曽根康弘守護霊　安倍さんに、「引退したら、次は大川総裁にやってもらえ」と言って、幸福実現党がそのまま派閥に入ってしまったら、もうそれで自民党を乗っ取れるじゃないか。それでやってしまったらいいんじゃないの？　早いぞ。自分らでつくると、ちょっと時間がかかってしょうがないわなあ。

加藤　自民党自体、もう古いですから……。

中曽根康弘守護霊　そらあ、そうだけどね。

加藤　ええ。自民党最高顧問《こもん》に申し上げるのは失礼なのですけれども……。

中曽根康弘守護霊　（自民党の議員は）二世、三世、四世と、そんなのばかりで、実際に実力がないからさ。俺《おれ》みたいな材木商の息子《むすこ》が、「大勲位《だいくんい》」だと言って威《い》張《ば》るような時代は、もう来そうにない状態だからねえ。

# 10　新たに明かされる過去世《かこぜ》

## 「藤原《ふじわら》氏の重鎮《じゅうちん》」としての転生《てんしょう》

加藤　そろそろ、お時間が終わりに近づいてきました。

中曽根康弘守護霊　あ、そうか。

加藤　中曽根先生の守護霊様のお話を伺《うかが》っていまして、「この国を支えてきた神々の一柱《いっちゅう》である」ということと同時に、それを超《こ》えたスケールの大きさ、「地球的な視野」というものも感じております。

中曽根康弘守護霊　いや（笑）、それはどうか知らないが。そこまでは行っていないが……。

加藤　いわゆる霊的《れいてき》な話になるのですが、過去世《かこぜ》でのご活躍《かつやく》というか、転生《てんしょう》について、可能な範囲《はんい》で構いませんので、ぜひ、ご自身のお言葉で教えていただきたいと思います。

中曽根康弘守護霊　「藤原道長《ふじわらのみちなが》」は、もう、名前として出ているんだろう？

加藤　はい。これは間違《まちが》いないのですか。

中曽根康弘守護霊　私がそうだから。

加藤　そうですか。

中曽根康弘守護霊　ああ。今、話をしている私がそうだよ。

綾織　ありがとうございます。

中曽根康弘守護霊　まあ、そうだよ。非常に「陰陽師好き《おんみょうじず》き」でねえ。ハハハハ

……。

加藤　安倍晴明《あべのせいめい》？

中曽根康弘守護霊　ハハハハ……。まあ、ちょっと、私も好きだったので、しょうがないなあ。

昔から、宗教は好きだったよ。だから、陰陽師を、政治にだいぶ使っていたし、占いにもだいぶ使っていたし、あと政敵を退《しりぞ》けるのにも使った。まあ、向こうも陰陽師を雇《やと》うから、その意味での「陰陽師バトル」がだいぶあってね。強い者を付けられると、こちらもやり返さなければいけないので、いろいろと恥《は》ずかしい話がないわけではない。

ただ、そういうふうに、宗教に縁《えん》はあって、「好きだった」ということはあるわねえ。

あとは、藤原氏の先祖のなかで、重鎮《じゅうちん》を担《にな》った者としても、一回、出ている。日本史の教科書を読めば、誰《だれ》でも知っている人として、一回、出ている。

「かまどの煙《けむり》」を目測し、租税《そぜい》を免除《めんじょ》した仁徳《にんとく》天皇も過去世《かこぜ》

中曽根康弘守護霊　その前になると、少し古い時代に入っていくので、はっきり言いにくいんだけれども、「徳」のある天皇として、一度、出たことはある。

綾織　それは、有名な方でいらっしゃいますか。

中曽根康弘守護霊　有名かどうかは分かりませんけれども、いちおう「徳がある」とは言われている。ただ、悪い噂《うわさ》も少しだけ付いているから、ちょっと言いにくいのではあるけれども……。

綾織　悪い噂？

中曽根康弘守護霊　まあ、いちおう「徳がある」と言われている人ではある。

綾織　大きなお墓がある人ではありませんか。

中曽根康弘守護霊　大きなお墓がある人かもねえ。

綾織　あっ！　そうですか。

中曽根康弘守護霊　うーん。

綾織　それは、かまどの煙《けむり》の話……。

中曽根康弘守護霊　そうだねえ。〝かまど守《もり》〟だねえ。

加藤　三年間、租税《そぜい》を免除《めんじょ》しておられますね。

中曽根康弘守護霊　丘《おか》の上から目測をしておった。

綾織　はい、はい。

中曽根康弘守護霊　かまどより上がる煙の数を目測し、「民《たみ》の今の経済、〝GDP〟が、どのくらいであるか」ということを目測して、税を決めていたことがあるなあ。

綾織　なるほど。仁徳《にんとく》天皇は、歴代天皇のなかでも、最も尊敬を得ておられる方の一人だと思います。

中曽根康弘守護霊　いやあ、もう一つ、別の面もちょっと言われているので、反省しなければならないところもあるんだけれどもねえ。「自分の墓で、大きいものをつくる」というような人は、あまりよくないよ。

綾織　いえいえ。徳の表れであると思いますので。

中曽根康弘守護霊　まあ、そういう意味で、天皇家ともかかわりがある。
幸福の科学のなかには、いろいろな神様がたとか、昔の天皇家に縁《ゆかり》のあった方とかも、いろいろ出ていらっしゃる。霊界《れいかい》事情としては、よく知っている方が、けっこう、あちこちにいらっしゃるので、一定の親近感を感じるよ。

ただ、（地上の本人は）年を取りすぎているために、弟子《でし》になれなくて申し訳ないなあ。

綾織　いえ。とんでもないです。もう十分でございます。

中曽根康弘守護霊　もっと若ければ、弟子になれるんだが。

## 11 使命を果たすべく、日々の精進《しょうじん》を

### 「〝生きた憲法〟がいるから心配ない」との意見

加藤　本日は、本当に貴重なお話を頂きましたし、勇気も頂きました。

中曽根康弘守護霊　うーん。

加藤　ぜひ、地上でも、まだまだ末永くご活躍《かつやく》ください。幸福実現党は憲法改正を近いうちに必ずやり遂《と》げてまいりますので、それを見届けていただきつつ、これからも折々に、実際のご指導も頂ければありがたいと思います。

中曽根康弘守護霊　いやあ、そんなに心配しなくていいよ。〝生きた憲法〟がいるんだから、もう、いいじゃない？　そんなに大したことではないよ。みんなが大川さんの発言を聴《き》いて、右へ倣《なら》えで考え方を変えていくようになったら、実質上、憲法が生きているのと一緒《いっしょ》なので、それで世の中は動いていくよ。安倍《あべ》さんも、実際上、かなり動いているから、大川さんは、ほとんど安倍さんの〝守護霊〟になっているんじゃないの？

綾織　（苦笑）大川総裁は、そんなに小さな存在ではありません。

中曽根康弘守護霊　あ、そんなに小さくないか。そうか……、失礼した。

綾織　はい。

中曽根康弘守護霊　それは失礼しました。

日本や世界で大きくなりつつある「幸福の科学の影響力《えいきょうりょく》」

中曽根康弘守護霊　まあ、もう少しの時間だと思いますよ。もう、世界が日本を見直してきつつあるんじゃないの？

この前の「従軍慰安婦《じゅうぐんいあんふ》問題」等も、橋下《はしもと》さんがあれだけ集中砲火《ほうか》を浴びているなか、幸福の科学が一撃《いちげき》で倒《たお》したんじゃないの？（『神に誓《ちか》って「従軍慰安婦」は実在したか』〔幸福実現党刊〕参照）周りのやつを一撃で倒したように見えたね。それほど影響力《えいきょうりょく》が大きくなってきているんだよ。

だから、何て言うか、もう、〝リングの上の戦い〟だけではなくなっている部分があるんだよね。これから、そのへんの影響力が大きくなっていくことをよく知ったほうがいいし、はっきり言って、もう、中国とも思想的に戦っているよ。今、政治家も、国家公務員も、防衛省も、自衛隊も、みんな影響を受けているから、これは非常に大きな役割だ。

また、君らは、天皇が象徴《しょうちょう》になり、「人間宣言」をしてしまって欠けている部分を、今、十分に補いつつあると思うし、世界の人たちから慕《した》われてきつつあるようだから、仕事としては大きいね。

だから、君らの大成を心から祈《いの》っているよ。

綾織　ありがとうございます。

中曽根康弘守護霊　僕《ぼく》（地上の本人）は、そこまで見届けることができないかもしれないけれども、君らからも神々がたくさん出ることを祈っているよ。

加藤　今日は、激励《げきれい》のお言葉を頂きまして、本当にありがたい思いでいっぱいです。

「税金を使えず、マスコミが報道しない」というハンディ戦

中曽根康弘守護霊　勝てなかったら、最後は自民党へ入って、乗っ取れ。それが、いちばん早いから。

綾織　いえいえ。私たちは幸福実現党として頑張《がんば》ってまいります。

加藤　むしろ、自民党の方々が、こちらに来ていただけるような政党を目指して、

頑張ってまいりますので。

中曽根康弘守護霊　君ねえ、あっちは、税金で選挙をやっているんだよ。

加藤　そうなんです。

中曽根康弘守護霊　君らは、信者のお布施《ふせ》を使ってやっている。これはきついです。だから、「税金で戦っている」というのは、フェアでないですよ。はっきり言って、フェアな戦いではない。「税金で戦っているやつは、マスコミが自由に報道して応援《おうえん》してくれて、税金を使えないところは、自前でお金を集めて、報道してもらえるように戦う」という、このハンディ戦はきつすぎる。

だから、「マスコミは地獄《じごく》へ堕《お》ちる」と言って、せいぜい脅《おど》しておいたほうがいいよ。実際、そのとおりであるからね。

綾織　はい。「鍛《きた》えていただいている」と思って、幸福実現党として頑張ってまいります。

加藤　今は、足腰《あしこし》を鍛えていただいている時期だと思いますので、地上の中曽根先生も、末永く元気で頑張っていただきつつ、私たちの躍進《やくしん》を、ぜひ、見届け、応援いただきたいと願います。

中曽根康弘守護霊　最初の霊言集《れいげんしゅう》が何冊か出た段階で、もう判定がついた、私の、この目測力をよく分かっていただきたいですね。

綾織　はい。本当に感服いたしました。

中曽根康弘守護霊　「日本の歴史上、こういうことはなかった」ということが、私には、はっきり見えたんだからさ。そのへんを、新しい政治家たちにも分かっていただきたいですな。

綾織　はい。ありがとうございます。貴重なメッセージを頂きました。

中曽根康弘守護霊　うん。

加藤　話は尽《つ》きないのですが、中曽根先生、これで終わらせていただければと思います。

中曽根康弘守護霊　ああ、はいはい。

加藤　本日は、本当にありがとうございました。

大川隆法　はい。（中曽根康弘守護霊に）一日、遅《おく》れましたけれども、ありがとうございました。

## 幸福実現党に必要なのは、「日々の精進《しょうじん》」

大川隆法　今回の霊言《れいげん》は、私たちにとって、きっと何らかの応援になるのではないかと思います。頑張らなければいけませんね。天上界《てんじょうかい》から、いろいろな方に応援していただいているのに、まだ、この世で大した実績を出せないでいます。まことに申し訳ない次第《しだい》です。

霊的には、いろいろなものが早く感じられることもあるのでしょうが、実際、この世的にはまだ遅《おそ》いので、何とか追いついて使命を果たしたいと思います。このへんのところは、国論を変えつつ、やらなくてはいけないので、きついですけれども、「日々の精進《しょうじん》」以外にないかもしれません。何とか前進していくしかないですね。

「ザ・リバティ」（幸福の科学出版刊）も、主要紙やテレビ局全部と戦っていて、たいへんな苦労だと思います。

綾織　いえいえ。力を合わせて、頑張ってまいります。

大川隆法　中曽根さんの守護霊が応援してくださるだけでも、本当にありがたいことだと思っています。
それでは、頑張りましょう。

# あとがき

九十歳を過ぎても知力、体力とも衰えず、「知は力なり」を実証して下さる方は百万人に一人もいないだろう。その意味で、未来の日本社会のあるべき姿を考える上でも、貴重な方であると思う。

今回は守護霊霊言という形をとったが、守護霊の藤原道長のその人となりまでにじみ出ていたかのようだった。

遠い昔、東大の学生だった頃、東大安田講堂で、自民党幹事長だった中曽根康弘氏の講演を聴いたことがある。ご尊顔から、うっすらとやわらかい黄金色の後光が出ていたことを覚えている。あれから、もうすぐ四十年近くなろうとしている。

私も憂国の士の一人として、この国の未来に責任を感じている。強く、長く、しかも、しなやかに生きなくてはなるまい。残された仕事はあまりにも多い。

二〇一三年　六月十九日

幸福実現党総裁《こうふくじつげんとうそうさい》　大川隆法《おおかわりゅうほう》

『中曽根康弘元総理・最後のご奉公』大川隆法著作関連書籍

『新・日本国憲法 試案』（幸福の科学出版刊）
『筑紫哲也の大回心』（幸福実現党刊）
『バーチャル本音対決
——TV朝日・古舘伊知郎守護霊 vs. 幸福実現党党首・矢内筆勝——』（同右）
『田原総一朗守護霊 vs. 幸福実現党ホープ』（同右）
『公開霊言 東條英機、「大東亜戦争の真実」を語る』（同右）
『宮澤喜一 元総理の霊言』（同右）
『カミソリ後藤田、日本の危機管理を叱る』（同右）
『神に誓って「従軍慰安婦」は実在したか』（同右）

※左記は書店では取り扱っておりません。最寄りの精舎・支部・拠点までお問い合わせください。

『大川隆法霊言全集 第1巻 日持の霊言／日蓮の霊言』（宗教法人幸福の科学刊）
『大川隆法霊言全集 第2巻 日蓮の霊言』（同右）
『大川隆法霊言全集 第3巻 空海の霊言／恵果の霊言』（同右）
『大川隆法霊言全集 第4巻 智顗の霊言』（同右）
『大川隆法霊言全集 第5巻 イエス・キリストの霊言』（同右）
『大川隆法霊言全集 第6巻 モーセの霊言／アモンの霊言／リエント・アール・クラウドの霊言』（同右）
『大川隆法霊言全集 第7巻 天照大神の霊言／聖徳太子の霊言』（同右）
『大川隆法霊言全集 第8巻 天御中主神の霊言／大国主命の霊言』（同右）
『大川隆法霊言全集 第9巻 ソクラテスの霊言／カントの霊言』（同右）

『大川隆法霊言全集　第10巻　エジソンの霊言／リンカーンの霊言／ガンジーの霊言』（同右）
『大川隆法霊言全集　第11巻　坂本龍馬の霊言／吉田松陰の霊言／勝海舟の霊言』（同右）
『大川隆法霊言全集　第12巻　西郷隆盛の霊言／福沢諭吉の霊言／木戸孝允の霊言』（同右）
『大川隆法霊言全集　第13巻　卑弥呼の霊言／弟橘媛の霊言』（同右）
『大川隆法霊言全集　第14巻　紫式部の霊言／ナイチンゲールの霊言／ヘレン・ケラーの霊言』（同右）
『大川隆法霊言全集　第15巻　孔子の霊言／孟子の霊言／老子の霊言』（同右）
『大川隆法霊言全集　第16巻　荘子の霊言／墨子の霊言』（同右）

# 中《なか》曽《そ》根《ね》康弘《やすひろ》元《もと》総理《そうり》・最後《さいご》のご奉公《ほうこう》

## ――日本かくあるべし――

2013年6月26日　初版第1刷

著　者　　大《おお》　川《かわ》　隆《りゅう》　法《ほう》

発　行　　幸福実現党

〒107-0052 東京都港区赤坂2丁目10番8号

TEL(03)6441-0754

発　売　　幸福の科学出版株式会社

〒107-0052 東京都港区赤坂2丁目10番14号

TEL(03)5573-7700

http://www.irhpress.co.jp/

印刷・製本　株式会社 堀内印刷所

落丁・乱丁本はおとりかえいたします

ISBN978-4-86395-350-5 C0030

写真：アフロ

## 大川隆法霊言シリーズ・憲法九条改正・国防問題を考える

# スピリチュアル政治学要論

**佐藤誠三郎・元東大政治学教授の霊界指南**

憲法九条改正に議論の余地はない。生前、中曽根内閣のブレーンをつとめた佐藤元東大教授が、危機的状況にある現代日本政治にメッセージ。

1,400円

---

# 憲法改正への異次元発想

**憲法学者NOW・**
**芦部信喜 元東大教授の霊言**

憲法九条改正、天皇制、政教分離、そして靖国問題……。参院選最大の争点「憲法改正」について、憲法学の権威が、天上界から現在の見解を語る。
【幸福実現党刊】

1,400円

---

# 北条時宗の霊言

**新・元寇にどう立ち向かうか**

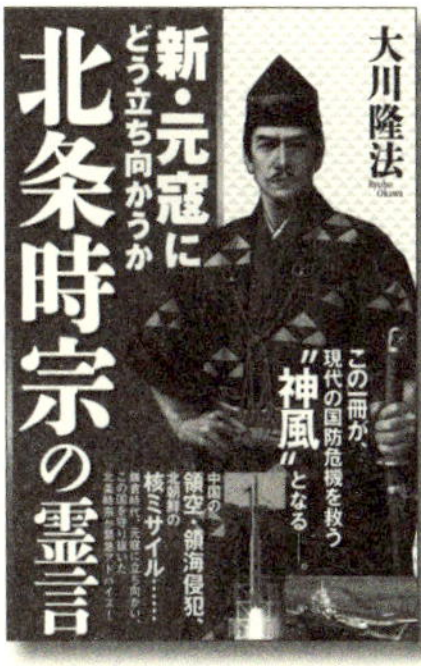


中国の領空・領海侵犯、北朝鮮の核ミサイル……。鎌倉時代、日本を国防の危機から守った北条時宗が、「平成の元寇」の撃退法を指南する!
【幸福実現党刊】

1,400円

幸福の科学出版

## 大川隆法霊言シリーズ・マスコミの本音を直撃

# 筑紫哲也の大回心

### 天国からの緊急メッセージ

筑紫哲也氏は、死後、あの世で大回心を遂げていた!? TBSで活躍した人気キャスターが、いま、マスコミ人の良心にかけて訴える。　【幸福実現党刊】

1,400円

---

# 田原総一朗守護霊 VS. 幸福実現党ホープ

### バトルか、それともチャレンジか？

未来の政治家をめざす候補者たちが、マスコミ界のグランド・マスターと真剣勝負！ マスコミの「隠された本心」も明らかに。　【幸福実現党刊】

ダイジェスト DVD付

1,800円

---

# バーチャル本音対決

### TV朝日・古舘伊知郎守護霊 VS. 幸福実現党党首・矢内筆勝

なぜマスコミは「憲法改正」反対を唱えるのか。人気キャスター 古舘氏守護霊と幸福実現党党首 矢内が、目前に迫った参院選の争点を徹底討論！　【幸福実現党刊】

ダイジェスト DVD付

1,800円

---

# 本多勝一の守護霊インタビュー

### 朝日の「良心」か、それとも「独善」か

「南京事件」は創作! 「従軍慰安婦」は演出! 歪められた歴史認識の問題の真相に迫る。自虐史観の発端をつくった本人（守護霊）が赤裸々に告白!　【幸福実現党刊】

1,400円

※表示価格は本体価格（税別）です。

## 大川隆法 霊言シリーズ・中国・北朝鮮情勢を読む

### 守護霊インタビュー 金正恩の本心直撃!

ミサイルの発射の時期から、日米中韓への軍事戦略、中国人民解放軍との関係──。北朝鮮指導者の狙いがついに明らかになる。【幸福実現党刊】

1,400円

---

### 長谷川慶太郎の守護霊メッセージ

**緊迫する北朝鮮情勢を読む**

軍事評論家・長谷川氏の守護霊が、無謀な挑発を繰り返す金正恩の胸の内を探ると同時に、アメリカ・中国・韓国・日本の動きを予測する。

1,300円

---

### 中国と習近平に未来はあるか

**反日デモの謎を解く**

「反日デモ」も、「反原発・沖縄基地問題」も中国が仕組んだ日本占領への布石だった。緊迫する日中関係の未来を習近平氏守護霊に問う。【幸福実現党刊】

1,400円

---

### 小室直樹の大予言

**2015年 中華帝国の崩壊**

世界征服か? 内部崩壊か? 孤高の国際政治学者・小室直樹が、習近平氏の国家戦略と中国の矛盾を分析。日本に国防の秘策を授ける。

1,400円

---

幸福の科学出版